EDICIÓN ORIGINAL

Redacción: Agnès **Vanderviele**
Dirección editorial: Françoise **Vibert-Guigue**
Edición: Brigitte **Bouhet**
Dirección artística, concepción gráfica y realización:
F. **Houssin** o C. **Ramadier** para **Double**, París.
Dirección de la publicación: Dominique **Korach**

EDICIÓN ESPAÑOLA

Dirección editorial: Jordi **Induráin Pons**
Edición: Àngels **Casanovas Freixas**
Realización: José M. **Díaz de Mendívil**
Cubierta: Francesc **Sala**

Agradecimientos a
Anne-Marie Lelorrain

© 2002 Larousse
© 2020 LAROUSSE EDITORIAL, S.L.
c/ Rosa Sensat, 9-11, 3.ª planta – 08005 Barcelona
Tel.: 93 241 35 05
larousse@larousse.es – www.larousse.es
facebook.com/larousse.es – @Larousse_ESP

ISBN: 978-84-17720-98-8
Depósito legal: B-27069-2019
3E1I

Reservados todos los derechos. El contenido de esta obra está protegido por la Ley,
que establece penas de prisión y/o multas, además de las correspondientes indemnizaciones por daños
y perjuicios, para quienes reprodujeren, plagiaren, distribuyeren o comunicaren públicamente, en todo
o en parte y en cualquier tipo de soporte o a través de cualquier medio, una obra literaria,
artística o científica sin la preceptiva autorización.

COLECCIÓN MINI LAROUSSE

Caballeros y castillos

Ilustraciones de **Charles Dutertre**

LAROUSSE

Los castillos

El castillo está construido **en un lugar alto**, como la cima de una colina, para que sea difícil atacarlo. **Protege** la región que lo rodea.

El castillo es el hogar del **señor** y de sus **caballeros**.

Tras las **murallas** del castillo

El castillo está **bien protegido**. Es muy difícil entrar en su interior.

Primero hay que atravesar el **puente levadizo**. Los guardias lo suben y lo bajan con grandes cadenas.

Detrás de las almenas, los **soldados** montan guardia.

PUENTE LEVADIZO

En la **torre**

La torre es la parte mejor **guardada** del castillo. Allí vive el señor. En caso de ataque, todo el mundo se refugia en ella.

En el primer piso hay una **gran sala** donde se sirven las comidas y donde el señor celebra los juicios.

En la planta baja, se almacenan las provisiones en la **bodega**.

En la cima de la torre, los **soldados de la guardia** dejan sus armas y sus municiones, y duermen todos juntos.

Sólo el señor tiene su propia **habitación**. Tiene pocos muebles y, en invierno, hace frío.

Los **músicos** van de castillo en castillo.

La **puerta** de la torre está en el primer piso. Se llega a ella por una escalera que se puede quitar para estar más seguros.

Los *habitantes* del castillo

En el castillo, no solo viven el señor y su familia.

Los **soldados** protegen el castillo.

El **halconero** adiestra las aves de presa para que cacen al vuelo.

Hay muchos **sirvientes**.

Los **caballeros** de los alrededores vienen de visita.

El **ama** se encarga de los hijos del señor.

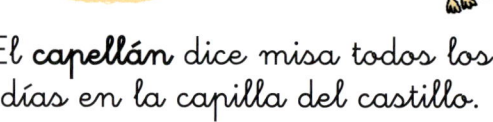

El **capellán** dice misa todos los días en la capilla del castillo.

Ebanistas, carpinteros y **canteros** construyen y arreglan el edificio.

El **herrero** forja las herraduras y las herramientas.

Cocineros y **pinches** trabajan en la enorme cocina.

Empieza la **jornada**...

El señor y la señora se visten con **elegantes trajes.**

Se tarda mucho en calentar el agua del baño...

La señora lleva una **túnica** bajo el vestido.

Lleva los cabellos trenzados alrededor de las orejas y se los cubre con un **velo** y un **sombrero**.

...y por eso **varias personas** se bañan juntas en una gran bañera de madera.

Para perfumar el agua se le echan flores.

Las **doncellas** cuidan a la señora.

Las **trompetas** y los **tambores** anuncian la llegada de cada nuevo plato.

El señor y sus invitados se sientan en la **mesa de honor**. Tienen platos de plata.

Hay **acróbatas** y **domadores de osos**.

Se juega a una especie de **hockey**...

... o a la **pelota**.

Los caballeros juegan al **ajedrez**.

Los niños juegan al **aro** o al **caballo de madera**.

Las señoras hacen **bordados** mientras escuchan a los trovadores.

La **educación** del caballero

La profesión de los caballeros es la **guerra**.
Desde pequeños, tienen que prepararse para luchar.

Con 7 años, el pequeño noble se va a vivir con **otro señor**.

Se convierte en **paje**: aprende a encargarse de los caballos...

... a **cuidarlos** y a **montarlos**.

También aprende a **cazar** y recibe clases de **buenos modales**.

Con 14 años, se convierte en el **escudero** de un caballero.

Se ocupa de las **armas** y de las **armaduras**.

Como escudero aprende a **manejar la lanza**. Si no pasa rápido, el muñeco gira y un saco de arena le golpea la cabeza.

Además, aprende a **luchar**...

...y a **manejar la espada**.

El gran día

A los 21 años, el futuro caballero se prepara para una gran ceremonia: va a ser **armado caballero**.

La víspera, pasa la noche rezando en la capilla, ya que la ceremonia es religiosa.

Por la mañana, los escuderos le ayudan a ponerse la **cota de malla**...

... su **túnica**, para proteger la armadura, y su **casco**.

Cuando está listo, se arrodilla delante del señor que hace de padrino. Este le pone la **espada plana** sobre el hombro. Así, **se convierte en caballero**.

Se le entregan sus armas: la **espada** y las **espuelas**.

Durante **toda su vida**, el caballero tendrá que defender a los débiles y ser valiente.

Las armas y las armaduras

Los primeros caballeros llevan una larga **cota de malla**, que es una túnica hecha de muchos aros de hierro.

Más adelante, para defenderse de unas armas que son cada vez más peligrosas, se ponen una **armadura** de metal que protege todo el cuerpo. **Pesa mucho**.

Los cascos, o **yelmos**, también mejoran.

24

El **torneo**

Para **entrenarse para la guerra** y demostrar su habilidad y sus cualidades de caballero, los caballeros se enfrentan en **torneos** y **justas**.

Las **trompetas** anuncian el combate.

El **heraldo** lee los nombres de los caballeros.

Los vencedores se llevan como premio el **caballo** y la **armadura** de los vencidos.

Las **justas** son espectáculos en los que se enfrentan dos caballeros. Las **lanzas** tienen la punta redondeada para que sean menos peligrosas.

La *guerra*

Los caballeros pelean **a caballo**, con la lanza y la espada. Justo antes de la batalla, el **heraldo** toca la trompeta.

Los caballeros se lanzan al galope hacia el enemigo. La **armadura** pesa mucho: si se caen, ya no se pueden volver a poner de pie y son hechos prisioneros.

El **ataque** al castillo

Con la **catapulta**, los atacantes lanzan grandes **piedras** contra las murallas del castillo.

Para entrar en el castillo, se acercan hasta las murallas enormes **torres de madera** llenas de soldados.

Los **arqueros** lanzan flechas en llamas contra los refugios de madera donde se esconden los defensores.

Otros soldados intentan derribar la puerta de entrada con un **ariete**: un grueso tronco con una punta de hierro.

31

La defensa del castillo

Ocultos tras las murallas, los arqueros lanzan sus flechas a través de unas pequeñas aberturas que hay en los muros.

Los defensores lanzan sobre los asaltantes todo tipo de cosas: **agua hirviendo, piedras**...

Es muy **difícil tomar** un castillo.

Los atacantes esperan a que no quede **nada de comida** en el castillo para invadirlo.

Alrededor del castillo

En los alrededores del castillo, los **campesinos** cultivan las tierras del señor. No tienen tierras propias. Tienen que dar una parte de la cosecha al señor para alimentar a los habitantes del castillo. En contrapartida, el señor tiene que **protegerlos**.

Para saber más

Arcos y flechas

Con sus arcos, los **arqueros** pueden lanzar sus flechas muy lejos.

Recién casados

Los **jóvenes nobles** se casan muy pronto, hacia los 14 o 15 años, y tienen muchos hijos.

Camas colectivas

Los castillos no son muy cómodos. Son fríos y oscuros.

En los primeros castillos, varias personas dormían juntas sobre camas hechas **de paja**.

Murallas muy gruesas

Las murallas de los castillos son tan gruesas que es **imposible destruirlas**.

Balas de piedra

Con el **trabuco** se pueden lanzar piedras por encima de las murallas.

El castillo de Coucy

El castillo **más grande** de la historia fue el de Coucy, en Francia.

Los escudos de armas

Cada señor tenía su escudo, con los **colores** de la familia.